Mandalas para
la relajación y la creatividad:
Flores de Colombia

Amarela

ISBN: 979-8-9893233-3-3

Bienvenido/a a "Mandalas para la Relajación y la Creatividad: Flores de Colombia," un cautivador libro de colorear que te invita a embarcarte en un vibrante viaje a través del encantador mundo de las flores colombianas. En este libro, descubrirás una colección de mandalas diseñados con delicados detalles, inspirados en la impresionante flora de Colombia, un país reconocido por su rica biodiversidad y deslumbrante diversidad floral.

Sumérgete en el arte terapéutico y meditativo de colorear mandalas mientras das vida a estos exclusivos diseños florales. Cada página te ofrece una oportunidad única para relajarte, desconectar y reconectar con tu creatividad interior. Ya seas un artista experimentado o simplemente buscas un momento de tranquilidad, este libro de colorear es el compañero perfecto.

Descubre 48 Mandalas Personalizados

Transportate con la belleza encantadora de 12 diferentes tipos de flores colombianas, cada una adornada con 4 mandalas únicos, sumando un total de 48 asombrosos diseños distintos.

Un Lienzo de Inspiración

Cada pétalo, cada curva y cada color tienen una historia que contar. Dentro de estos mandalas, encontrarás más que simples patrones para colorear. Cada tipo de flor revela un mundo de inspiración:

• **Frases Famosas sobre las Flores**: Descubre la sabiduría de poetas, escritores y pensadores que se han inspirado en la elegancia de las flores.
• **Mandalas de Transformación**: Embárcate en un viaje de autodescubrimiento con citas que iluminan el poder transformador de los mandalas en tu vida.
• **Datos Florales**: Adéntrate en datos fascinantes sobre cada flor, desvelando los secretos de sus características únicas y su significado.
• **Armonía Haiku**: Saborea la elegancia de un haiku, una forma de poesía japonesa, diseñado para capturar la esencia de cada flor en solo unas pocas líneas.

Cómo Empezar Tu Viaje de Coloreo

1. **Elige Tus Mandalas**: Selecciona un mandala que resuene con tu estado de ánimo y deja que tu creatividad florezca.
2. **Colores de la Imaginación**: Reúne tus herramientas de colorear favoritas, desde plumas y marcadores vibrantes hasta relajantes lápices de colores.
3. **Relájate y Reflexiona**: Encuentra un espacio tranquilo, pon música suave y deja que el estrés del día se disipe mientras te sumerges en el mundo de la belleza floral colombiana.
4. **Colorea con Intención**: Permite que cada trazo sea una experiencia consciente y deja que los colores fluyan, llevándote en un viaje de autoexpresión.
5. **Comparte tu Obra Maestra**: Comparte tus mandalas coloreados con amigos y familiares o guárdalos como un testimonio personal de tu creatividad.

AVE DEL PARAISO

"EN UN MUNDO LLENO DE CAOS, LAS FLORES SON
UN RECORDATORIO DE LA PAZ INTERIOR."
- MATSHONA DHLIWAYO

AVE DEL PARAISO

LOS MANDALAS NOS RECUERDAN
LA INTERCONEXIÓN DE TODA LA VIDA.

AVE DEL PARAISO

EL AVE DEL PARAÍSO ES RECONOCIDA COMO UN SÍMBOLO DEL PARAÍSO, LA LIBERTAD Y LA BUENA FORTUNA.

AVE DEL PARAISO

FORTUNA Y COLORES
EN EL EDÉN QUE FLORECE,
AVE EN PRIMAVERA.

BEGONIA

"LAS FLORES SON LAS CONSTELACIONES DE LA TIERRA."
- DOROTHY PARKER

BEGONIA

EN EL MANDALA, ENCONTRAMOS LA UNIDAD DEL YO Y EL COSMOS.

BEGONIA

MUCHAS BEGONIAS SON COMESTIBLES Y SON UNA GRAN FUENTE DE
VITAMINA C. LOS TALLOS DE LAS BEGONIAS TUBEROSAS SON
SIMILARES AL RUIBARBO TANTO EN SABOR COMO EN TEXTURA.

BEGONIA

EN EL JARDÍN QUIETO
BEGONIA DESPIERTA ENCANTO,
COLOR EN EL ALMA.

DAMA DE NOCHE

"LAS FLORES SON LA SONRISA DE LA TIERRA."
- RALPH WALDO EMERSON

DAMA DE NOCHE

COLOREAR MANDALAS ES UNA FORMA DE MEDITACIÓN,
UNA MANERA DE ENCONTRAR LA PAZ INTERIOR.

DAMA DE NOCHE

LA DAMA DE NOCHE DESVELA SU FRAGANCIA BAJO EL VELO DE
LA NOCHE, ESPECIALMENTE CUANDO LA LUNA ESTÁ
EN CRECIMIENTO HACIA SU PLENITUD.

DAMA DE NOCHE

BAJO EL MANTO ESTELAR,
DAMA DE NOCHE, ENCANTO,
SECRETO LUNAR.

FLOR DE AZÚCAR

"LAS FLORES NO COMPITEN;
SIMPLEMENTE DESPLIEGAN SU BELLEZA AL MUNDO."
- MATSHONA DHLIWAYO

FLOR DE AZÚCAR

LOS MANDALAS SON EL LENGUAJE DEL ALMA,
REVELANDO SUS VERDADES MÁS PROFUNDAS.

FLOR DE AZÚCAR

LAS FLORES DE AZÚCAR SE CONSIDERAN SÍMBOLOS DE BUENA
SUERTE Y A MENUDO SE REGALAN COMO OBSEQUIOS PARA
DESEAR PROSPERIDAD Y FELICIDAD.

FLOR DE AZÚCAR

PETÁLOS DE AMOR,
FLOR DE AZÚCAR EN SU ESPLENDOR,
DULCE RESPLANDOR.

FLOR DE MAYO

"LA BELLEZA DE UNA FLOR FLORECE EN SU PROPIA LUZ."
- MATSHONA DHLIWAYO

FLOR DE MAYO

"LA BELLEZA DE UNA FLOR FLORECE EN SU PROPIA LUZ."
- MATSHONA DHLIWAYO

FLOR DE MAYO

A TRAVÉS DE LOS MANDALAS, PODEMOS TRAER ORDEN
AL CAOS DE NUESTRO MUNDO INTERIOR.

FLOR DE MAYO

SE NECESITA PACIENCIA PARA CULTIVAR UNA ORQUÍDEA.
LAS PRIMERAS FLORES DE LA PLANTA NO APARECERÁN HASTA AL
MENOS 5 A 7 AÑOS DESPUÉS DE LA GERMINACIÓN.

FLOR DE MAYO

ORQUÍDEA EN LA BRISA
SUSURRA HISTORIAS ANTIGUAS,
PÉTALOS DE ENSUEÑO.

GERANIO

"LAS FLORES SON COMO AMIGOS;
TRAEN COLOR A TU MUNDO."
- ANÓNIMO

GERANIO

LOS MANDALAS NOS AYUDAN A APROVECHAR
NUESTRO POTENCIAL CREATIVO Y SABIDURÍA INTERIOR.

GERANIO

LAS HOJAS DE GERANIOS CONTIENEN ACEITES ESENCIALES CUYO
OLOR RESULTA AGRADABLE PARA EL SER HUMANO. PARA INSECTOS
COMO MOSQUITOS Y AVISPAS, SIN EMBARGO, ES UN ELEMENTO DISUASORIO.

GERANIO

BAJO EL SOL ARDIENTE,
GERANIOS DESPIERTAN VIDA,
JARDÍN DE COLORES.

HELICONIA

HELICONIA

LOS MANDALAS SON UNA HERRAMIENTA PARA LA
TRANSFORMACIÓN INTERIOR Y EL CRECIMIENTO.

HELICONIA

LA CAPACIDAD DE HELICONIA PARA RESISTIR LAS DURAS CONDICIONES
CLIMÁTICAS Y AUN ASÍ FLORECER MARAVILLOSAMENTE SE CONSIDERA
UNA METÁFORA DE LA SUPERACIÓN DE LOS DESAFÍOS
Y LA ADVERSIDAD DE LA VIDA.

HELICONIA

EN EL CALOR TROPICAL,
HELICONIA SE EXPRESA EN FULGOR,
EL COLOR ABRAZA.

ORQUÍDEA ACACALIS CYANEA

"EL LENGUAJE DE LAS FLORES NO NECESITA TRADUCCIÓN."
- GILDA RADNER

ORQUÍDEA ACACALIS CYANEA

CADA MANDALA ES UNA EXPRESIÓN ÚNICA DEL PAISAJE INTERIOR DEL INDIVIDUO.

ORQUÍDEA ACACALIS CYANEA

LAS FLORES DE LAS ORQUÍDEAS SON SIMÉTRICAS.
CADA FLOR SE PUEDE DIVIDIR PERFECTAMENTE POR LA MITAD,
EN DOS PARTES IGUALES.

ORQUÍDEA ACACALIS CYANEA

EN SU SERENIDAD
ORQUÍDEA ESCONDE SECRETOS,
FLOR DE MISTERIO.

ROSA COLOMBIANA

"LAS FLORES SON EL ALIMENTO SECRETO DE LA PASIÓN."
- G. K. CHESTERTON

ROSA COLOMBIANA

EL MANDALA ES UN ESPEJO QUE REFLEJA
LA ARMONÍA DEL UNIVERSO.

ROSA COLOMBIANA

LA FRAGANCIA DE LA ROSA EMANA DE LAS DIMINUTAS
GLÁNDULAS ESCONDIDAS EN SUS PÉTALOS INFERIORES, COMO
SI FUERAN SECRETOS PERFUMADOS GUARDADOS EN SU CORAZÓN.

ROSA COLOMBIANA

ROSA, PASIÓN PURA,
EN SUS PETALOS SE ESCONDE,
EL FUEGO DEL ALMA.

SAN JOAQUIN

"LA BELLEZA DE LAS FLORES RESIDE EN SU SIMPLICIDAD."
- SHANE GIBSON

SAN JOAQUIN

CREAR MANDALAS ES UNA MANERA DE CONECTARSE
CON NUESTRA FUENTE INTERNA DE CREATIVIDAD.

SAN JOAQUIN

LAS TRIBUS NATIVAS AMERICANAS UTILIZABAN PARTES DE LA
PLANTA CON FINES MEDICINALES, INCLUIDO EL TRATAMIENTO
DE DOLORES DE MUELAS Y AFECCIONES DE LA PIEL.

SAN JOAQUIN

EN EL VALLE, LUZ,
SAN JOAQUÍN, FUEGO ARDE,
NATURALEZA EN FLOR.

TULIPANES

"EN CADA FLOR, UN ALMA Y EN CADA ALMA, UN MUNDO."
- G. K. CHESTERTON

TULIPANES

"LOS MANDALAS SON UN CAMINO HACIA
EL AUTODESCUBRIMIENTO Y LA AUTORREALIZACIÓN."

TULIPANES

LOS TULIPANES SIGUEN AL SOL INCLUSO CUANDO ESTÁN EN
UN JARRÓN. POR ESTA RAZÓN, DEBES COLOCARLOS
EN DIFERENTES LUGARES DE TU CASA A LO LARGO DEL DÍA.

TULIPANES

TULIPANES EN FILA,
NATURALEZA SENCILLA,
BELLEZA TRANQUILA.

ZAPATITO DE DAMA

"CADA FLOR ES UN ALMA QUE FLORECE EN LA NATURALEZA."
- GERARD DE NERVAL

ZAPATITO DE DAMA

LOS MANDALAS SON UN MAPA DEL VIAJE DEL ALMA
HACIA LA INDIVIDUACIÓN.

ZAPATITO DE DAMA

LA ORQUÍDEA ZAPATILLA ESCONDE UN BOLSILLO PROFUNDO, UNA ASTUTA TRAMPA QUE ATRAPA ABEJAS CUANDO INTENTAN OBTENER NÉCTAR; LA BOLSA DE LA FLOR SE CIERRA.

ZAPATITO DE DAMA

ZAPATILLA EN FLOR,
SECRETO DEL BOSQUE EN PAZ,
BELLEZA OCULTA.